BEI GRIN MACHT SICH IHR WISSEN BEZAHLT

Bibliografische Information der Deutschen Nationalbibliothek:

Die Deutsche Bibliothek verzeichnet diese Publikation in der Deutschen National-bibliografie; detaillierte bibliografische Daten sind im Internet über http://dnb.d-nb.de/ abrufbar.

Impressum:

Copyright © 2019 GRIN Verlag
Druck und Bindung: Books on Demand GmbH, Norderstedt Germany
ISBN: 9783346024053

Dieses Buch bei GRIN:

https://www.grin.com/document/497708

Albulena Bunjaku

Das Menschenbild und die Seele in Platons Höhlengleichnis

GRIN Verlag

GRIN - Your knowledge has value

Der GRIN Verlag publiziert seit 1998 wissenschaftliche Arbeiten von Studenten, Hochschullehrern und anderen Akademikern als eBook und gedrucktes Buch. Die Verlagswebsite www.grin.com ist die ideale Plattform zur Veröffentlichung von Hausarbeiten, Abschlussarbeiten, wissenschaftlichen Aufsätzen, Dissertationen und Fachbüchern.

Besuchen Sie uns im Internet:

http://www.grin.com/

http://www.facebook.com/grincom

http://www.twitter.com/grin_com

Pädagogische Hochschule Heidelberg

Institut für Erziehungswissenschaft

Seminar: Anthropologie: Der Mensch als Natur-, Kultur- und Bildungswesen

WS 18/19

Philosophische Anthropologie - Platons Menschenbild

Albulena Bunjaku

Inhalt

1. Einleitung

Wer bin ich? Was bin ich? Was ist der Sinn meines Lebens? Warum bin ich hier? Diese Fragen stellt sich im Laufe des Lebens jeder Mensch und so beschäftigen Sie sich auch auf den unterschiedlichsten Weisen mit ihnen. Manche verbringen ihr Leben damit, sie zu beantworten und manche ignorieren sie und kümmern sich nicht darum, die Antworten oder auch den Sinn des Lebens zu finden.

Es gibt verschiedene Wissenschaften, die sich mit der Frage, was der Mensch ist, beschäftigen, wie zum Beispiel die Medizin. Jedoch liegt der Fokus der Medizin auf der Anatomie des Menschen und nicht dessen Sinn. Anders als in der Medizin geht es in der Philosophischen Anthropologie um die Lehre des Menschen. Man versucht sich tiefgründig mit der Frage des Seins zu beschäftigen und auch Antworten auf die oben genannten Fragen zu finden.

Im Folgenden möchte ich das Menschenbild von Platon einer Analyse unterziehen, indem ich das Höhlengleichnis deute. Anschließend werde ich mich mit der Platonischen Unterscheidung der Seele beschäftigen. Dazu werde ich noch kurz auf Platon als Person eingehen. Vorerst soll allerdings geklärt werden, was der Begriff „Philosophische Anthropologie" zu bedeuten hat und wer in der Bestimmung dieser Disziplin eine große Rolle spielte.

2. Philosophische Anthropologie

Die „Philosophische Anthropologie ist die Lehre vom Menschen unter dem Gesichtspunkt des Menschenseins selbst" (Hengstenberg, Hans-Eduard 1957, Vorwort Z. 1-2). Sie ist das, was die Philosophen über den Menschen als Mensch zu lehren haben. Dazu hebt sie verschiedene Aspekte des Menschseins hervor, wie die Seele, den Geist und unterscheidet sie genau durch diese unterschiedlichen Perspektiven.

Sie unterscheidet sich von anderen Einzelwissenschaften, welche sich zwar auch mit dem Menschen beschäftigen, jedoch unter anderen Aspekten: biologischen, physiologischen, psychologischen etc.

Die Philosophische Anthropologie konzentriert sich auf den Menschen im Ganzen, sprich auf die Ganzheit und Einheit des Wesens (vgl. Schüßler, Werner 2000 S.9). Dieses Ganze meint den Menschen als „solchen", also den Menschen als Menschen, aber auch den Menschen in verschiedenen Teilen. Zum Beispiel die Stellung des Menschen in der Welt beziehungsweise im Universum.

Die Philosophische Anthropologie hat sich schon seit Jahrhunderten bewährt. Schon vor der Zeit von Sokrates dachten die Philosophen, die Sophisten, über den Menschen nach. Die Sophisten waren die ersten Kulturphilosophen und ihnen zufolge sind kulturelle Einrichtungen, wie Sitte und Recht von menschlicher Setzung (vgl. Schüßler, Werner 2000 S.15). In der Antike zeigen sich frühste Entwicklungen der klassischen Menschenbilder. Zu den Grundtypen gehören die platonischen, aristotelischen, epikureischen und stoischen Menschenbilder.

Das Interesse mehr über den Menschen und sein Sinn zu erfahren war schon immer groß. Dieses anthropologische Interesse regte Jahrhunderte lang andere Fragebereiche der Philosophie an, zum Beispiel ethnische, naturphilosophische, metaphysische und einige mehr (vgl. Dierkes, Hans 1989 S.5). Jedoch gibt es die Bezeichnung „Philosophische Anthropologie" erst seit ungefähr dem 20. Jahrhundert bei Max Scheler. Er gilt als der Begründer der modernen philosophischen Anthropologie. In seiner Schrift „Die Stellung des Menschen im Kosmos" (1928) formulierte er die Aufgaben einer philosophischen Lehre vom Menschen. Er fasst eine Reihe von verschiedenen Forschungsergebnissen und Einfällen in einem großen Gesamtbild zusammen. Scheler bleibt den Gedankengängen von Aristoteles und Schellig verhaftet und wiederholt dazu auch die Platonischen Grundgedanken von Geist und Leib (vgl. Diekers, Hans 1989 S.37). In der Schelerschen Anthropologie rückt dann der Dualismus von Geist und Lebensdrang in den Mittelpunkt, dieser findet im Menschen seinen komplementären Ausgleich.

Nun ist kurz eine Unterscheidung der modernen Philosophischen Anthropologie und der früheren Anthropologie aufzuführen: Die moderne Philosophische Anthropologie bezieht die Ergebnisse der Einzelwissenschaften, also Medizin, Psychologie etc., mit in das Bild des Menschen mit ein. Hierbei jedoch, darf nicht übersehen werden, dass das Bild des Menschen nicht ohne metaphysische Einschüsse auskommt (vgl. Schüßler, Werner 2000, S.17).

Die Bezeichnung „Lehre von der menschlichen Natur" tauchte auch erst zwischen 16. und 18 Jahrhundert, also zwischen dem Humanismus und der Aufklärung, auf (vgl. Dierkes, Hans 1989, S.5). Durch verschiedene Denkanstöße einiger Philosophen, gibt es heute noch Auseinandersetzungen mit dem Thema „Mensch", im philosophischen Sinne. Wir verdanken der Philosophischen Anthropologie viele verschiedene Anstöße und Einsichten über den Menschen. Man könnte meinen, dass die Menschen mehr über alles andere nachdachten, als über sich selbst.

Mit der Frage „Was ist der Mensch?" haben sich viele Philosophen aus verschiedenen Epochen, wie der Antike oder der Renaissance, beschäftigt und ihre eigenen Definitionen entwickelt. Platon sagt zum Beispiel, dass der Mensch ein zweibeiniges Lebewesen ohne Federn sei. Aristoteles beschrieb den Menschen als ein zoon politkon. Nietzsche war es, der den Menschen als ein „Seil, geknüpft zwischen Tier und Übermensch" (Rothacker, Erich 1964, S.2, Z. 12- 13) bezeichnete. Der Mensch wird in vielen Schriften und Verfassungen von anderen Philosophen als ein Gemeinschafts- und Kulturwesen dargestellt, aber auch als ein Naturwesen.

Die Philosophische Anthropologie entwickelt sich in verschiedenen Fragerichtungen, welche den Sinn der Menschen erst im Rückbezug auf Selbstverwirklichung (Praxis) und Selbstbestimmung (Theorie) erfüllt (vgl. Dierkes, Hans 1989, S.6). Somit hat sie eine festigende Funktion für die Philosophie. Der Mensch taucht zwar in verschiedenen Bereich auf, jedoch nur kurz. Der Grund hierfür ist, dass der Mensch sich als selbstverständlich sieht. Die Anthropologie wird aber erst philosophisch, wenn man sich mit den Fragen nach dem Verhältnis zum Menschen und der Welt beschäftigt. Jedoch wird die Frage nach dem Menschen oft in der ersten Person Singular gestellt: Wer/ Was bin ich?

Was auch auffällt ist, dass sich die meisten Menschen die Frage nur dann stellen, wenn sie in einer Krise oder ähnlichem stecken. Jedoch kann es so zu unsicheren, zwanghaften und vielleicht auch falschen Antworten kommen.

Abschließend ist zu sagen, dass die Philosophische Anthropologie wie eine Erweiterung und Vertiefung der bisherigen Erkenntnistheorie erscheint.

3. Platon

In diesem Kapitel geht es um das Menschenbild Platons, welches ich anhand des Höhlengleichnis und des Verständnisses der Seele erläutern werde.

Platon, geboren 428 v. Chr., war ein griechischer Philosoph. Er schloss sich im jungen Alter von zwanzig Jahren Sokrates an und wurde sein Schüler. Platon stellte die Lehrmethoden und Denkweisen Sokrates' in seinen Werken, welche hauptsächlich in Dialogform verfasst wurden, dar. Er gründete die „Akademia", eine Universität in Athen.

Bekannt ist er für die „Ideenlehre" und seine Visionen vom „idealen Staat".

Platon setzte sich mit vielen verschiedenen Themen auseinander, unter anderem auch mit dem Menschen und der Natur. Dazu entwickelte er verschiedene Theorien, wie das Sonnengleichnis, das Liniengleichnis und das Höhlengleichnis. Auf das Höhlengleichnis soll hierbei am deutlichsten eingegangen werden.

3.1. Das Höhlengleichnis

Das Höhlengleichnis ist ein Hauptwerk Platons und ist ein zentraler Bestandteil der „Politeia" (514a- 518d) (vgl. Kauder 2001, S.13). Es stellt ein erkenntnistheoretisches Problem dar, aus denen dann die Metaphysik der Seele wächst.

Es ist das dritte Gleichnis, neben dem Sonnengleichnis (508a- 509d) und dem Liniengleichnis (509d- 511e), im „Staat" und gilt als eines der bekanntesten Texte Platons. Das Gleichnis stellt das Verhältnis von Bildung und Unbildung dar und spiegelt gleichzeitig die menschliche Grundverfassung wieder. Es hat die Funktion, das philosophische Bildungsziel (Idee des Guten) vorzustellen, die Notwendigkeit der Rückkehr in die „Höhle", also zu den nichtphilosophischen Normalmenschen, zu begründen und dass Wesen der Bildung zuerst gleichnishaft, danach philosophischer Erläuterung vorzutragen" (Kauder, Peter 2001, S.28 Z.10- 14).

Inhalt

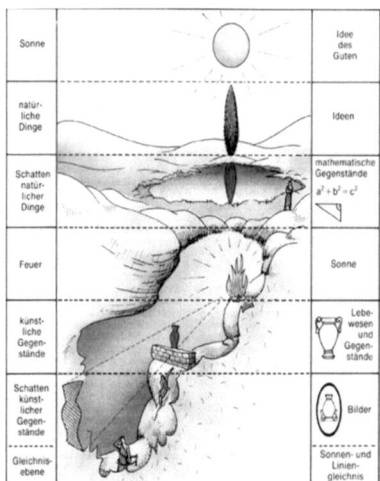

http://hipa.at/philo/hoehlengl.htm (11.01.2019)

Die Höhle, die im Gleichnis beschrieben wird, befindet sich unter der Erdoberfläche und nur

4

ein steiler, breiter Gang führt nach oben. In der Höhle leben Menschen, welche schon ihr ganzes Leben gefesselt sind. Diese Menschen kennen nichts anderes, als das was vor ihren Augen ist. Die Höhle ist durch ein Feuer, welches weit hinten brennt, beleuchtet. Sie sehen nichts anderes, als die Schatten einiger Figuren, die durch die Quelle beleuchtet werden. Da die Menschen an Schenkeln und Nacken gefesselt sind, können sie weder das Feuer, noch den Weg der hinter ihnen ist, sehen.

Hinter den Menschen befindet sich eine kleine Mauer, welche aber das Feuer nicht komplett abschirmt. An der Mauer laufen Menschen vorbei, die Gegenstände mit sich tragen und nur die Schatten dieser Gegenstände sind für die Menschen in der Höhle zu sehen. Manche von ihnen sprechen miteinander und manche nicht und wenn sie sprechen, hallt das Echo der Stimmen in der Höhle und es scheint so als würden die Schatten sprechen. Die Gefangenen betrachten die Schatten als Lebewesen. Für sie sind die Schatten die reine Wirklichkeit und sie setzten sich mit ihnen auseinander. Sie ordnen die Geräusche den Schatten zu und vertreiben sich so die Zeit mit Deutungswettspielen.

Sokrates bittet Glaukon nun, sich vorzustellen, was passieren würde, wenn einer der Gefangenen entfesselt und gezwungen wäre sich umzudrehen und zum Ausgang hinauszuschauen und all die Gegenstände, deren Schatten er nur gesehen hat, zu beobachten. Der Gefangene hätte Schmerzen, da ihn das Licht, woran er nicht gewohnt ist, blendet. Die Dinge, die er nun wahrnimmt, wird er nicht für real halten, weil sie ihm nicht vertraut sind. Da er so sehr an die Schatten gewöhnt ist, glaubt er nicht daran, was ihm der Befreier gezeigt hat.

Wenn man ihn nun dazu zwingt, aus der Höhle und den steilen Aufgang hinauszugehen, würde er sich sträuben. Er würde anfangs nichts erkennen, da er vom Sonnenlicht geblendet wird. Der Befreite müsste, sich an das Sonnenlicht und an all das Neue gewöhnen. Er sieht die Menschen und deren Spiegelbilder im Wasser an, genauso beobachtet er all das Neue, was ihm anfangs Angst machte. Nach einer kurzen Zeit der Gewöhnung, hätte er kein Bedürfnis mehr in die Höhle zurück zu kehren.

Wenn er jedoch doch in die Höhle zurückkehren würde, müsste er sich wieder an die Dunkelheit und Schatten gewöhnen. Die Gefangen würden ihm von seinen Neuigkeiten nichts glauben und so hätten sie nicht das Verlangen aus der gewohnten Umgebung rauszugehen.

Deutung

Die Höhle, in der die Menschen gefangen sind, soll die sinnbildliche Welt darstellen. Für die Gefangenen ist die Höhle ihr Zuhause und ihre normale, gewohnte Umgebung. Demnach ist ihre Umgebung alles was existiert und bietet den Menschen Halt sowie Sicherheit.

Sie sind ihr ganzes Leben an Beinen und Nacken gefesselt und kennen nichts anderes, als die Schatten, die sie sehen und die Geräusche, die sie hören. Die Gefangenen nehmen den primären Aufenthalt in der Höhle als Heimat wahr, da sie nicht wissen, dass ein Weg ins Freie existiert. Da sie unwissend über die „andere Welt" sind, bleibt ihre Welt verschlossen.

Beim ersten Übergang wird der Mensch von den Fesseln gelöst.

Für den Befreiten enthüllt sich die Welt in der er lebte, als Höhle. Demnach bemerkt er, beim Verlassen der Höhle, dass die Höhle eine Öffnung besitzt. So realisiert er, dass seine Welt schon immer eine Öffnung, einen Ein- und Ausgang hatte, aus der er herausgehen kann, wenn er nur nicht gefesselt wäre (vgl. Ballauff, Theodor 1963, S.22). Sie bietet einen Ausweg und verbindet gleichzeitig zwei Bereiche: Das Tor und auch das Trennende. Durch die Öffnung gelangen die Gefangenen zur „Wahrheit" aber dadurch, dass sie nicht von der Existenz der Öffnung wissen, trennt sie gleichzeitig von der Wahrheit.

Die Menschen, die in der Höhle gefesselt sind, wissen nichts von der Fesselung. Da sie schon ihr ganzes Leben an Beinen und Nacken gefesselt sind, kennen sie nichts Anderes und wollen sich auch gar nicht anders bewegen. Sie haben sich damit eingerichtet und empfinden dies nicht als negativ. Für die Wissenden jedoch, bedeutet gefesselt zu sein unfrei zu sein. Sie empfinden diese Einschränkung der Bewegungsfreiheit als Unfreiheit. Die Gefangenen sind in ihrer Sicht so behindert, dass sie nicht sehen und wissen können, dass es ein Tor zur Freiheit gibt. Sie können nicht das tun, was sie zur wahren Welt nach oben bringt und sie selbst sein lässt. Die Fesseln können nur die Wissenden sehen. Und so identifizieren die Menschen in der Höhle ihre Fesseln mit der Freiheit. Demzufolge halten sie nur das Wahrnehmbare für das Seiende.

Des Weiteren machen die Menschen in solch einem Zustand keine Fortschritte. Sie verharren an einem Ort und können die eigentlichen Aufgaben nicht erfüllen (vgl. Ballauff, Theodor 1963, S. 24). Somit ist die Bildung ausgeschlossen, da sie kein Kenntnisreichtum erlangen. Darüber hinaus entpuppt sich die Aktivität der Menschen als Passivität (vgl. Ballauff, Theodor 1963, S.24). In ihrem Leben geschieht nichts mit ihnen aber auch nichts durch sie. Sie sind dem Schauspiel an der Wand ausgeliefert und können sich nicht von ihm abwenden, weil sie auf die Wand starren müssen. So beobachten sie nur das Auftretende und Vorkommende und können nicht herausfinden, woher es kommt und wohin es geht.

Erster Übergang/ Entfesselung

Der Weg aus der Höhle ans Tageslicht entspricht dem Aufstieg der Seele von der Welt der Sinnesobjekte in die geistig erfassbare Welt.

Als einem einzelnen von ihnen die Fesseln gelöst werden und er befreit wird, entdeckt er völlig neue und unbekannte Bewegungen. Gleichzeitig werden die Fesseln und die Unbeweglichkeit gelöst. Jede Bewegung die er macht, sind für die Person fremd und ungewohnt.

Der Mensch der befreit wird bzw. alle Menschen die in der Höhle leben werden als krank dargestellt. Die Gefesselten wissen jedoch nichts von ihrer Krankheit. Hier handelt es sich um die Krankheit der Sichtlosigkeit. Den Menschen in der Höhle fehlt es an Einsicht in das Verhältnis, in welchem sie sich zu dem Zeitpunkt aufhalten (vgl. Ballauff, Theodor 1963, S.28).

Im Gleichnis spricht Platon von dem Weg eines Einzelnen. Das wird im Gleichnis deutlich, denn es wird nur eine Person befreit und nicht gleich alle die gefesselt werden. Es wird nur einer erwählt und darf diese Erfahrung machen, auch wenn er sie gar nicht machen möchte. Im Gegensatz zur Höhle, in der alle Menschen gefesselt sind und keine andere Wahl haben, als die Wand und die Schatten vor ihnen anzustarren.

Die Befreiung des Menschen geschieht passiv. Denn die Person wird dazu gezwungen. Sie wird mit Gewalt, welche nicht von ihm ablässt (vgl. Ballauff, Theodor 1963, S. 30), aus der Höhle gebracht und gezwungen hinauszusteigen. In der Zwischenzeit wird die Person nicht sich selbst überlassen. Die Instanz, die den Gefesselten befreit hat, darf nicht von der Person ablassen, bis sie ihn ins Ziel gebracht hat (vgl. Ballauff, Theodor 1963, S.30).

Die Schmerzen, welche die Person beim Hinausgehen hat, kommen zum einen vom Licht und zum anderen von der „Unvorbereitheit" (Ballauff, Theodor 1963, S.30, Z. 13). Demnach war er keineswegs darauf vorbereitet Dinge zu sehen, die er vorher nicht gesehen hat und die für ihn kaum vorstellbar waren. Der plötzliche Schmerz ist für den Menschen kaum zu ertragen. Er wird aus seiner gewohnten Umgebung gezerrt und in eine neue Welt gebracht. Dadurch erfährt er eine Negativität, die er zuvor noch nicht gespürt hat. Das Positive ist für ihn sein normales, alltägliches Leben, welches er in der Höhle mit den anderen Bewohnern führt.

Die ersten Anzeichen der neuen Sicht, nach der Befreiung des Menschen, sind Verwirrung und Blendung. Dies erkennt man an der Desorientierung und Verwirrung von allem Neuen und Ungewohnten, wodurch er sich „entmachtet und seines Mittels entblößt" (Ballauff, Theodor 1963, S.31, Z.22) fühlt. Durch diese Verwirrung will der Mensch nur wieder zurück in die Höhle, zurück in das gewohnte und bekannte Umfeld.

Zweiter Übergang

Es kommt zunächst zu einer abwehrenden Rückwendung. Die neue Welt außerhalb der Höhle verschlägt ihm die Sprache und er kann sich keine Antwort geben. Als er sich nach und nach an das helle Licht und das neue Gesichtete gewöhnt hat, kann er einen anderen „Sinnhorizont" (Ballauf, Theodor 1963, S.31, Z. 37) sehen und sich die gestellten Fragen beantworten. Aufgrund der neuen Erkenntnis, nimmt der Mensch ein anderer Sinn vom Seienden wahr. Davor war nur das Wahrnehmbare das Seiende, nun ist es das, was für die Menschen in der Höhle nicht wahrnehmbar war.

Trotz dieser Erkenntnis kommt es von der Seite des Befreiten zur einer sehr abwehrenden Haltung und er will zunächst zurück in die Höhle, zurück ins schützende Dunkel der Schattenwelt. Jedoch wird er gezwungen und geht weiter Richtung Ausgang und gewöhnt sich so langsam an das blendende Licht. Er bekommt einen Einblick in die Wirklichkeit, Paideia, in ihr „wesentliches Zentrum, von dem her alles von ihr Auszusagende sichtbar ist" (Ballauff, Theodor 1963, S.33 Z. 2-3). Nach und nach wendet der Mensch sich von seinem alten Zuhause und Gewohnten ab. Er macht das, was er sein Leben lang in der Höhle nicht machen konnte: Seinen Blick von etwas abwenden. Sein Blick wird frei und er ist bereit sich dem Licht und der Offenheit der neuen Welt hinzuwenden (vgl. Ballauf, Theodor 1963, S.33). Er wendet seinen Blick von der primären Einsicht und so vom Ursprung des Gesehenen ab. So verschwindet, dass bis zu diesem Zeitpunkt erblickte fast ganz aus seinem Blick. Der Befreite ist jedoch weiterhin etwas verwirrt, da er das neu Erblickte nicht ganz versteht.

Der Übergang führt den Befreiten in die Wirklichkeit, in die Aletheia. Auch hier tritt plötzlich das starke Licht ein, aber er Befreit geht den Weg bis zum Ende weiter. Da der Weg sehr ungepflegt und steil ist, wird es für den Menschen sehr mühsam den Weg hinaufzugehen und er bewältigt ihn nur mit großer Anstrengung. Der Aufstieg vollzieht sich langsam und schrittweise.

Nun verlässt er die untere Welt und begegnet einer neuen Welt, die oben stattfindet. Das Licht, dass ihm begegnet, kann mit der Eröffnung der neuen Sphären verglichen werden und das Dunkel mit der Tiefe der Höhle. Demzufolge gilt es sich an das Neue in der oberen Welt zu gewöhnen und diesen neuen Bereich als neue Heimat und neues Zuhause zu sehen. Je näher der Mensch dem Licht kommt, desto besser wird das Gelichtete wahrgenommen. Das

Licht zeigt die Offenheit der Welt und am Ende des Weges kommt alles Seiende zum Vorschein: Die Sonne, das Seiende und sowohl das Gelichtete. Nach und nach zeigt sich alles für den Befreiten und er erkennt das Nähere und Fernere (vgl. Ballauf, Theodor 1963, S. 37) und somit das Licht und den Ursprung. Durch das Licht kommt das Seiende zum Vorschein. Nun sieht der Befreite nicht nur die Schatten des Seienden, sondern das Seiende selbst. Es sind nicht mehr die Schatten, die er sieht sondern die eigentlichen Figuren, welche die Schatten verursachten. Er nimmt das Seiende wahr. Das Licht erhellt alles was existiert und alles was nicht existiert. Ohne das Licht bleibt alles unsichtbar und unerkennbar. „Das Licht schafft dergestalt das Seiende als solches, nämlich als das erblickbare umgrenzte" (Ballauff, Theodor 1963, S.38 Z.14-16). Nach einer langen Gewöhnungszeit ist der Befreite nun in der Lage die Sonne direkt anzuschauen. Er kann nun die Sonne als Quelle allen Lebens erkennen und die verschiedenen Zusammenhänge deuten.

Aufgrund dieser neuen Erkenntnis wird das primäre Wissen als Nichtwissen dargestellt. Der Befreite sieht nun ein, dass das Leben in der Höhle nur ein leeres Tun war beziehungsweise ist. Seine Haltung gegenüber dem primären Aufenthalt ändern sich ganz und er will nicht mehr in sein gewohntes Umfeld zurück. Der Weg hinaus, die Umstellung in eine neue Welt entpuppt sich als das „eigentliche Leben des Menschen" (Ballauf, Theodor 1963, S. 39 Z. 16). Dem Befreiten wird durch diesen gezwungenen Akt klar, dass das Leben in der Höhle nicht das Seiende ist.

Nun kommt es zur Rückkehr in die Höhle.

Zwischen dem ersten Übergang aus der Höhle und der Rückkehr in die Höhle sind Parallelen sichtbar. sehen. Beim Übergang war er vom Licht und Ungewohnten geblendet und bei der Rückkehr begegnet er wieder Ungewohntem und zwar der Dunkelheit. Er muss sich beide male an neue Dinge gewöhnen. Der Befreite ist orientierungslos und findet sich in der Dunkelheit nicht zurecht, wie anfangs bei dem Übergang.

Zunächst passiert das Gleiche wie beim Übergang aus der Höhle. Da der Befreite nun an das Licht gewohnt ist, wird ihm die Dunkelheit in der Höhle Schwierigkeiten bereiten. Er findet sich in der Höhle nicht mehr zurecht, denn alles ist nun fremd und ungewohnt. Da er nun ein „Gebildeter" ist, versteht er sich nicht mehr mit den Menschen aus der Höhle. Wenn er wirklich wieder in der Höhle bleiben will, muss er sich wieder komplett umgewöhnen. Einerseits müssen sich seine Augen an die Dunkelheit und andererseits sein Körper an die Fesseln gewöhnen. Infolgedessen wird ihm die Bewegungsfreiheit entzogen. Weil er die obere neue Welt nicht so leicht vergessen kann, versucht er die Menschen in der Höhle dazu zu überreden mit ihm nach oben zu gehen. Der Gebildete versucht sie durch sein Wissen frei zu machen. Er möchte ihnen die Wahrheit auf keinen Fall vorenthalten. Jedoch wehren sie sich gegen ihn und seine Befreiungsversuche. Aufgrund dessen wird er als „Verrückter" dargestellt. Für sie scheint es so als würde er versuchen ihr Zuhause und gewohnte Umgebung zu verändern beziehungsweise zu zerstören und genau das wollen sie verhindern. Sie sehen das als Angriff. Um ihr Zuhause zu schützen wollen sie den Gebildeten töten. Den Gebildeten schockiert es, wie krampfhaft die Menschen an ihren Fesseln und dem Umfeld festhalten.

Das Höhlengleichnis zeigt, wie wenig sich Menschen mit den tieferen Bedeutungen von Dingen oder ihrem Leben beschäftigen.

3.2. Die Seele

Platon bestimmt den Menschen in verschiedenen Dialogen als ein Wesen aus Körper und Seele. Er stellt den Menschen als individuelles, unsterbliches Geistwesen dar, welches in einem tierischen Körper lebt. Die Seele ist das, was den Körper am Leben hält. Der Körper wird durch die Seele und die Seelenteile, welche in den Körperteilen liegen beherrscht. Zum Beispiel, liegt die Vernunft im Kopf und im Herzen und der Wille in der Brust.

Platon formuliert das Verständnis der Seele in der *Politea* weiter aus, nachdem er im *Phaidon* das funktionale Verständnis erläutert hat. Die Seele teilt er in drei Teile auf und untersucht so, in welchem Teil der Seelen die Gerechtigkeit liegt. So will er den gerechten Menschen und somit, nach Sokrates, den glücklichsten Menschen bestimmen.

Platon sagt im vierten Buch der *Politea*, dass die Seele in drei Teile eingeteilt ist und zwar in den vernünftig denkenden, den begehrenden und zornmütigen Teil. Demnach ist die Seele für Platon eine zusammengesetzte Größe. Die Seele soll sich aus mehreren Teilen zusammensetzen, denn sie steht oft im Konflikt. Zum Beispiel kann ein Mensch Durst haben und sich trotzdem dazu entschieden nichts zu trinken. Weil sich nicht gleichzeitig das Dagegensein und das Dafürsein im Einzelnen befinden kann, resultiert daraus, dass die Seele aus unterschiedlichen Bestandteilen besteht und sich daraus ein Ganzes bildet. Dies kann man mit dem Satz des Widerspruchs begründen (vgl. Fröhlich 2015, S. 109).

Im Folgenden werde ich die Unterscheidung der drei Seelenteile darstellen.

Unterscheidung Trieb- und Mutseele

In der Seele befindet sich die Tatkraft/ Mutseele, die etwas Zornmütigen entspricht und soll zunächst dem triebhaften Teil ähneln. Dieser Seelenteil unterscheidet sich, laut Platon, von der Triebseele, denn er wird mit der Vernunftseele gegen den Trieb verbündet sein. Das sieht man deutlich am Beispiel von Leontios (vgl. Dierkes, Hans 1989, S.40). Er ist auf sich selbst wütend, weil seine Begierde größer als seine Vernunft war. Dies nimmt Platon als Argument für die Ungleichheit zwischen Mut- und Triebseele.

Unterscheidung Vernunft- und Triebseele

Den Unterschied der vernünftigen und begehrenden Seele kann man am Beispiel, welches im ersteren Teil kurz erwähnt wurde, erklären. Wenn jemand Durst hat, verlangt die Seele etwas zu trinken. Hierbei spielt es keine Rolle, ob wir ein kaltes oder warmes Getränk verzehren, ob wir zu Wasser oder einem süßlichen Getränk greifen. Wenn der Mensch trotzdem nichts trinkt, kann es sich nach dem Satz des Widerspruchs nicht um sein Seelenteil handeln. Es können nicht entgegengesetzte Zustände in einem Seelenteil existieren. Der Teil, mit dem der Mensch denkt und überlegt, wird als die Vernunftseele bezeichnet und der Teil, mit dem man etwas begehrt, wird als Triebseele dargestellt. Platon ordnet die Begierde unter das „Nach-etwas-Trachten oder das Etwas-an sich-Ziehen" (Finck 2007, S.194, Z. 4-5).

Unterscheidung Mut- und Vernunftseele

Auch die Mutseele unterscheidet sich von der Vernunftseele. Sokrates sagt, dass die Vernunftseele der Mutseele manchmal Vorwürfe machen könne, als ob sie sich voneinander unterscheiden (Politea 441b- 441c/ Apelt, 1998). Laut Greaser (Greaser, 1969) gibt es für dieses Argument einige Gründe. Denn zu Beginn des Gespräches zwischen Sokrates und Glaukon wird klar, dass die Mutseele der Triebseele ähnlich sei. Somit wurde deutlich, dass sie nicht mehr der Vernunftseele ähneln könne. Auch hier könnte das Beispiel von Leontios als Argument für den Unterschied der Mut- und Vernunftseele dienen.

Dies ist auch nach der heutigen Vorstellung so, denn der Mut (irrational) soll der Vernunft (rational) gegenüberstehen.

So hat Platon die Dreiteilung der Seele eingeführt. Im Zusammenhang dazu brachte Platon die ethnischen Probleme der Tugendhaftigkeit, Gerechtigkeit und Tapferkeit ein. Dabei sollen die Verhältnisse zwischen den herrschenden und beherrschenden Teilen hergestellt werden.

Platon teilt nicht nur die Seele in drei Teilen ein, sondern auch den (Idealen-) Staat.

Dies werde ich jedoch in meiner Arbeit nicht fortführen.

4. Fazit

Das Ziel dieser Arbeit war es, das Menschenbild Platons beziehungsweise sein Verständnis des Menschen, mit Hilfe des Höhlengleichnisses und der Betrachtung der Seele, darzustellen. Dabei ist deutlich geworden, dass der Mensch ein „Gewohnheitswesen" ist, welches gezwungen wird, sein Leben oder seine Welt durch eine andere Perspektive zu betrachten. Dieser Zwang ist mit Schmerz verbunden, deshalb bleiben die meisten Menschen in ihrer Komfortzone. Denn meist lernen wir nur dann etwas, wenn wir uns zwingen, aus der Gewohnheit auszubrechen und etwas neues oder auch die wahre Realität zu entdecken.

Durch die Betrachtung der Seele beziehungsweise der Dreiteilung der Seele sehen wir, dass der Mensch drei verschiedene Seelenteile hat, welche aber mit einander in Verbindung stehen. Durch die Unterscheidung dieser ist deutlich geworden, dass sie alle eine andere Funktion haben und für unterschiedliche Bereiche zuständig sind.

Die Betrachtung der Philosophischen Anthropologie hat, mich persönlich, der Philosophie im Allgemeinen nähergebracht und mein Verständnis des Menschen erweitert. Da das Thema heute noch sehr aktuell ist, und auch weiterhin aktuell bleiben wird, war es für mich sehr interessant mich damit auseinander zu setzen.

5. Literaturverzeichnis

Apelt, O. (1998). *Der Staat*. Meiner

Ballauff, T. (1963): *Die Idee der Paideia: Eine Studie zu Platons „Höhlengleichnis" und Parmenides „Lehrgedicht".* Meisenheim am Glan: Hain.

Dierkes, H. (1989): *Philosophische Anthropologie. Texte und Materialien für den Unterricht.* Stuttgart: Philipp Reclam jun. GmbH& Co KG

Finck, F. (2007): *Platons Begründung der Seele im absoluten Denken.* Berlin: De Gruyter

Fröhlich, G. (2015): *Platon und die Grundfragen der Philosophie.* Göttingen: Vandenhoeck& Ruprecht

Greaser, A. (1969): *Probleme der platonischen Seelenteilungslehre.* München: Beck

Hengstenberg, H. (1957): *Philosophische Anthropologie.* Stuttgart: Kohlhammer

Kauder, P. (2001): *Der Gedanke der Bildung in Platons Höhlengleichnis: Eine kommentierende Studie aus pädagogischer Sicht.* Baltmannsweiler: Schneider Verlag Hohengehren

Rothacker, E. (1964). *Philosophische Anthropologie.* Bonn: Bouvier

Schüßler, W. (2000): *Philosophische Anthropologie.* München: Alber

BEI GRIN MACHT SICH IHR WISSEN BEZAHLT

- Wir veröffentlichen Ihre Hausarbeit,
  Bachelor- und Masterarbeit

- Ihr eigenes eBook und Buch -
  weltweit in allen wichtigen Shops

- Verdienen Sie an jedem Verkauf

Jetzt bei www.GRIN.com hochladen und kostenlos publizieren